LITHOGRAPHIES

COSTUMES MILITAIRES

CARICATURES. — PORTRAITS

Pièces sur les Théâtres

Journaux Illustrés

GRAVURES EN LOTS

COMPOSANT LA COLLECTION

d'un Amateur

1899

M⁰ Paul CITERNE
Commissaire-Priseur
16 bis, Boulevard Sébastopol

M. Paul ROBLIN
Marchand d'Estampes
65, Rue Saint-Lazare, 65

CATALOGUE
DE
LITHOGRAPHIES

Costumes Militaires

CARICATURES. — PORTRAITS

JOURNAUX ILLUSTRÉS

PIÈCES SUR LES THÉATRES

GRAVURES EN LOTS

ŒUVRES DE

Bellangé, Charlet, Devéria, Gavarni, Grandville, Isabey, H. Monnier, Pigal, Raffet, Traviès, C. et H. Vernet, etc.

Composant la Collection d'un amateur

Dont la Vente aux enchères publiques aura lieu
HOTEL DES COMMISSAIRES-PRISEURS, RUE DROUOT, N° 9
Salle N° 8.

Le Samedi 11 Novembre 1899,
à deux heures précises.

Par le Ministère de **M° Paul CITERNE**, Commissaire-priseur
16 *bis*, boulevard Sébastopol, 16 *bis*

Assisté de **M Paul ROBLIN**, Marchand d'Estampes, 65, Rue St-Lazare, 65

Paris. — 1899.

ESTAMPES, LITHOGRAPHIES

PORTRAITS

ADAM (Victor)

1 — Passe-temps. 34 p. coloriées.

AMÉRIQUE (Pièces sur l')

2 — *Francklin.* — *Lafayette.* — *Washington.* Dix portraits in-8 et in-4. Plusieurs sont avant la lettre.

ANONYME

3 — *Charette.* In-4. Très belle épreuve avant la lettre à toutes marges.

4 — Accident funeste arrivé à une Vivandière, dans le pays de Hanovre ; pendant le passage des troupes françaises. Belle épreuve coloriée.

BARBIÉ (J.)

5 — *Chevert* (F. de). — *Montcalm* (Marquis de). — *Voltaire.* 3 p. in-8. Très belles épreuves.

BEAUVAIS

6 — *La Ferté* (M. le Marquis de) Beauvilliers, Duc de St-Aignan, à cheval, d'après Parrocel. In-fol. Belle épreuve.

BELLANGÉ (Hyp.)

7 — Sujets d'Albums. — Feuilles de Croquis. — Costumes et Scènes militaires. — Lithographies diverses. 320 p. dans deux portefeuilles.

BELLANGÉ. EUGÈNE LAMI

8 — Révolution de 1830. - Croquis faits d'après nature dans
Paris pendant les journées des 27, 28 et 29 juillet 1830.
8 p. lithog. in-fol.

BONNET (L.)

9 La Peinture aimée des Grâces, d'après Lagrenée. — Vue
des environs de Bezons. Deux pièces aux trois crayons.

CARICATURES

10 — Caricatures sur Charles X et Louis-Philippe. 60 p. en
noir et coloriées.

11 — Caricatures sur les Grisettes et les Mayeux. Les mon-
tagnes russes, etc. 22 p. en noir et coloriées.

12 — La Lithographie mensuelle. — Pasquinades. — Planches de la Caricature. 20 p. en noir et coloriées.

13 — Caricatures par Bouchot, Garneray, Eug. Lami, Forest,
Grévin, etc. 49 p. en noir et coloriées.

14 — Caricatures par Daumier, Astoin, Garneray, Cham,
etc. 50 p. en noir et coloriées.

15 — Caricatures par Scheffer, Provost, Ch. Nanteuil, Biard,
Trimolet, Baptiste, Pruche, Vernier et autres. 53 p. en
noir et coloriées.

CARMONTELLE (d'après L. C. de)

16 — *Lany* (Louise Magdeleine), danseuse, in-4. Très belle
épreuve.

CHARLET (N. T.)

17 — Partie de son œuvre lithographique, environ 950 p., con-
tenues dans cinq portefeuilles.

COCHIN et SAINT-AUBIN

18 — *Cars* (L.). — *Roslin*. — *Hallé* (N.). — *Heineken*
(Mme de). - *Beaumarchais*. — *Buffon*. — *Linguet*. 10
p. in-8 et in-4. Belles épreuves.

COSTUMES MILITAIRES

19 — Uniformes et Costumes français et étrangers, d'après
Durameau, De la Rue et Ch. Eisen. 23 p.

COSTUMES MILITAIRES

20 — Costumes et Uniformes français et étrangers. 15 p. par Debucourt d'après C. Vernet. Epreuves en couleur (Trois sont en noir).

21 — Portraits de souverains, reines, généraux, etc. 12 p. coloriées, publiées chez Jean et Basset.

22 — Armée française (Ex garde). Lithog. de Delpech. 12 p. en noir à toutes marges.

23 — Collection des uniformes des Armées françaises de 1814 à 1824, dessinés par Carle et H. Vernet et Eugène Lami. 48 p. en noir et coloriés. (Quelques doubles).

24 — Types militaires. Lithographies de Lalaisse. 52 p. coloriées.

25 — Galerie militaire, dessins de V. Adam, Bastin, Bour, etc. 103 p. coloriées.

26 — Costumes militaires depuis Henri IV jusqu'à la Restauration. 12 lithog. à la plume par Charlet.

27 — Uniformes et Costumes. Lithographies de Charlet. 50 p. en noir et coloriées. Plusieurs sont avant la lettre.

28 — Galerie Royale de Costumes. Troupes d'Abd-el-Kader. Lithographies de Janet-Lange. 8 p. coloriées.

29 — Uniformes français. Lithographies de Bastin, Bour, etc. 22 p. coloriées.

30 — Costumes de l'Armée française. Lithographies de Ch. Vernier. 20 p. coloriées.

31 — Prusse 1861. 2e régiment des uhlans de la garde. — 2e régiment des dragons de la garde. — 3e régiment de la garde à pied. — Régiment des fusiliers de la garde ; dessinés par L. Burger. 52 p. coloriées.

32 — Napoléon Ier et la garde Impériale, texte par Eugène Fieffé, dessins par Raffet. Paris, Furne, 1859. Gr. in-8, rel.

33 — Types militaires, Costumes français et étrangers, par ou d'après Carle et Horace Vernet, Bellangé, Draner, Hyp. Leconte, Géricault, Lami, etc. Environ 140 p. en noir et coloriées.

DESSINS

34 — Aquarelles et dessins anciens et modernes par Dupendant, Duplessis-Bertaux, Le Sueur, etc. 24 p.

DÉVÉRIA (Ach.)

35 — Album lithographique de divers sujets composés et dessinés sur pierre. Paris, Ch. Motte. 12 planches dans la couverture illustrée de publication.

36 — *Grevedon* (H.). — *Lamartine.* — *Vigny* (Alfred de). — *Chauvelin.* — *Manuel.* — *Ternaux.* Sujets de genre, etc. 12 p. in-4 et in-fol.

37 — Sujets romantiques. — Théâtre anglais. — Portraits, etc. 18 p.

DIVERS

38 — Album contenant environ cent dessins sur papier de riz. Sujets chinois, etc., etc.

FICQUET (Et.)

39 — *Corneille* (P.). — *Fénelon.* — *La Fontaine.* — *Maintenon* (Mme de). — *Molière.* — *Régnard.* — *Rousseau* (J.-J.). — *Voltaire.* 10 p. in-8, très belles épreuves.

GAVARNI

40 — Par-ci, Par-là et physionomies Parisiennes. 100 sujets, gd. in-4, cart.

41 — Les nuances du sentiment. — Clichy. 46 p. en albums.

42 — Portraits et Lithographies diverses. 120 p., plusieurs sont sur papier de Chine et avant la lettre.

GRANDVILLE (J.-J.)

43 — Les métamorphoses du jour. 37 p. coloriées.

44 — La métempsycose réalisée. Galerie mythologique. — Tribulations. — Observations et critiques, etc. 24 p. en noir et coloriées.

HALL (John).

45 — *Boyd* (Sir Rob.), Lieutenant gouverneur de Gibraltar, d'après A. Poggi, in-fol. Belle épreuve.

ISABEY (Eug.).

46 — Souvenir de Bretagne. — Souvenir de St-Valéry sur Somme. — Vue de Rouen. 4 lithographies.

ISABEY (J.-B.).

47 — Caricatures grotesques. (1, 2, 3, 4, 6, 7, 9, 11). 8 pièces coloriées, une est en noir.

JOURNAUX. — PUBLICATIONS ILLUSTRÉES

48 — *La Caricature*. Journal fondé et dirigé par Ch. Philipon. Paris, chez Aubert, 1830-1835. 10 vol. in-4 rel. et en feuilles.

Tome 1er. Titre, table et texte complets.
Planches complètes 1 à 52.
Planches doubles. 3-5-6-9-10-11-12-17-29-44-46*bis*-51.

Tome 2e. Titre, table et texte complets.
Planches complètes. 53 à 105.
Planches doubles. 55-63-67-71-79(2 ép.)-84-85-88-89-90 et 91-94-102-103-104-105

Tome 3e. Titre, table et texte complets.
Planches de 106 à 157. (Manque le no 153 : Ah ! scélérate de poire, col.)
Planches doubles. 108-114 et 115-121-122-123-124-125-126-129-130-132-133-136-138-142-144-147 et 148-149 et 150-151 et 152-153 *bis*-156-157.

Tome 4e. Titre, table et texte complets.
Planches complètes. 158 à 212
Planches doubles. 158 et 159-160-162-163 164-165-168-169-170-171-172-173-174-176-177-178-179-180-181-182-187 188-196-198-200 et 201-202-204-205-206-207-208.

Tome 5e. Titre, table et texte complets.
Planches complètes. 213 à 268.
Planches doubles. 232 et 233-248 (3 ép.) 250 et 251-255-257-260-262.

Tome 6e. Titre, table et texte complets.(sept livraisons sont en double).
Planches complètes 269 à 327
Planches doubles. 269-270-271 et 272 (3 ép.)-273-274-275 et 276 277-279-280-284 (2 ép.)-285-286-287-288-289-290-291-292-301-305-308-309-311-318-319-322 et 323-324 et 325 (2 ép.)-326 et 327.

Tome 7e. Titre, table et texte complets.(vingt livrais. sont en double)
Planches complètes. 328 à 381
Planches doubles. 330 et 331-333-335-339-343-348-353-358 et 359-360-361-366 et 367.

Tome 8e. Texte incomplet des titres, table et livraisons 198-205-206-207-208, (six sont en double).
Planches complètes. 382 à 435.
Planches doubles 386 et 387 (2 ép.)-388 et 389 (4 ép.)-392 et 393 (3 ép.)-396 et 397 (2 ép.)-401-402 et 403 (2 ép.)-404-406 et 407 409-411 (2 ép.)-412-413-414 et 415 (2 ép.)-416-417-418-420-421-422 424-425-426-427-428 et 429-430-432-433-434 et 435

Tomes 9 et 10. Texte incomplet des titres, tables et livraisons 210-211-212-213-214 216-217-221-225 à 230-232 à 247-249-250-251.
Planches incomplètes des Nos 460-468-486-490-491-493-495-498-502-504 à 509-520.
Planches doubles 462-465-469-478-484 et 485-489-496 et 497 (2 ép.)-503-511

(Quelques planches doubles existent en noir et coloriées Plusieurs feuilles de texte ont des taches d'huile).

JOURNAUX. — PUBLICATIONS ILLUSTRÉES

49 — *La Caricature*. Tome 5e, en feuilles ; contenant 32
   livraisons de texte et 82 planches dont quelques doubles.

50 — *L'Éclipse*, 1868-1876. 350 nos environ.

51 — *Gil-Blas*. Supplément 1889-1899. 447 nos. — *Fin de
   siècle*. 1891-1896. 150 nos environ.

52 — *Le Petit Journal*. Supplément illustré 1890-1896. 275
   numéros.
   Le Journal. Supplément illustré 1896-1898. 70 nos.
   La Libre Parole. Supplément illustré 1893-1896. 175 nos.
   L'Éclair. Supplément illustré 1894-1896. 122 nos.
   L'Intransigeant. Supplément illustré 1890-1891. 70 Nos.
   La Mode du Petit Journal. — *La Dernière Mode*. — *La
   Nouvelle Mode*. 55 Nos.

53 — *Le Panorama*. Salon de 1896. 10 livr.
   L'Album du Nu. 1896. 5 livr.
   Journées révolutionnaires 1830-1848. 16 livr.
   Le Panorama Hebdomadaire. 9 livr.
   Le Tsar en France. 8 livr.
   Les affiches du Journal l'Éclair. 5 livr.
   Napoléon. — *La famille Impériale*. 9 livr.
   Musée galant du XVIIIe siècle. 10 livr.
   Publications et Almanachs fin de siècle. 12 livr.

54 — *Le Pêle-Mêle*, 1896-1898. 64 Nos.
   Les Étoiles, 1896-1897. Affiche et 41 Nos.
   La Grisette, 1894-1896. 125 Nos.
   L'Illustré de Poche, 1895-1896. 98 Nos.
   L'Amusant, 1896-1897. 28 Nos.
   Folichonneries, 1896. 33 Nos.
   La Chanson de la Semaine, 1896. 21 Nos.
   Les Chansons et Monologues illustrés, 1896. 15 Nos.

55 — *Le Rire*, 1894-1899. 255 Nos. Collection complète jusqu'au 23 septembre 1899.

JOURNAUX. - PUBLICATIONS ILLUSTRÉES

56 — *Le Rire*, 1894-1899. 247 Nos. Collection complète jusqu'au 29 juillet 1899. (Manque le No 221).

57 — *Le Rire*, 1894-1899. 196 Nos. Collection complète jusqu'au 6 Août 1898. (Manque les Nos 141, 150, 163, 178,
181, 190 à 195).

58 - *Le Rire*. 66 Nos doubles.

59 — Publications diverses, — Album du Salon, — Almanachs, — Programmes, — Menus, etc., etc. Un fort lot.

KNELLER (d'après)

60 — Portrait de femme en médaillon, épreuve en couleur.

LAUGIER.

61 — *Scarron* (Mme), d'après Petitot et Mme Vve Jacquotot.
Belle épreuve à toutes marges.

MARTIAL (A. P.).

62 — La Baratteuse. — Les Cancalaises. — Clair de lune. —
Rivière sous bois, etc. 6 p. avant la lettre.

MAYER (d'après)

63 — *J.-J. Rousseau* et la vüe du pavillon qu'il habitait à
Ermenonville. Belle épreuve en couleur.

MÉCOU

64 — *Dino* (Duchesse de). In-8 d'après Isabey. Deux épreuves
dont une avant la lettre.

65 — *Napoléon François-Charles-Joseph*, prince impérial,
d'après Isabey. Belle épreuve avec le cachet.

MONNIER (Henry)

66 — Passe-temps. Suite de six lithog. in-4 publiées par
Delpech (H. B. 105-110). Belles épreuves coloriées, grandes marges.

67 — Récréations du cœur et de l'esprit (113-154). 22 p.
coloriées.

68 — Paris-vivant. Lithographies in-8 en largeur. Bernard
et Delarue (253-273). — Jadis et Aujourd'hui. Ensemble
17 p. coloriées.

MONNIER (Henry)

69 — Les Grisettes. Suites publiées par Gaugain, Ardit et Giraldon-Bovinet (316-370). 36 pièces coloriées à grandes marges (3 sont en noir).

70 — Les Grisettes. Lithographies in-4 en largeur (374-376). 5 p. coloriées.

71 — Mœurs administratives. Suite de six types, au crayon. (377-383). 6 p. à toutes marges.

72 — Galerie théâtrale (397-421). 16 p. coloriées à toutes marges.

73 — Chansons de Béranger, in-4. — Planches publiées dans *la Caricature, la Silhouette, l'Album*, etc. Impressions de voyage. Galerie contemporaine, etc. 32 p. en noir et coloriées.

PATER (d'après J.-B.)

74 — Le Roman comique. 14 estampes in-folio. Très belles épreuves.

PICART (S.)

75 — *Le Tellier* (Michel), Chancellier de France. Gr. in-fol. au-dessus d'une Thèse. Très rare.

PIGAL

76 — Mœurs Parisiennes. — Scènes populaires. — Scènes de Société. — Epoux parisiens. — Les Contrastes. — Rome, affaires du jour, etc., etc. 115 p. coloriées, la plupart à toutes marges. (Quelques-unes sont en noir).

PORTRAITS

77 — Galerie universelle. 24 p.

78 — Clergé, réformateurs, papes, etc. 50 p.

79 — Souverains de France et leurs familles depuis Saint-Louis jusqu'à Louis XV, environ 100 p. in-8 et in-4. Plusieurs sont rares.

80 — Femmes célèbres, anciennes et modernes. 90 p. in-8 et in-4. Plusieurs sont avant la lettre.

81 — Femmes célèbres, anciennes et modernes. 15 p. in-4 et in-fol.

PORTRAITS

82 — Peintres, dessinateurs, sculpteurs, graveurs, musiciens, etc. 43 p. in-8 et in-4. Plusieurs sont rares.

83 — Peintres, graveurs et sculpteurs, anciens et modernes. 53 p. in-4 et in-fol.

84 — Littérateurs et écrivains célèbres. 275 p. in-8 et in-4. La plupart sont avant la lettre.

85 — Personnages célèbres, Ministres, Maréchaux, Amiraux, Hommes d'Etat, depuis Henri IV jusqu'à Louis XVI. Environ 100 p. in-8 in-4. Plusieurs sont rares.

86 — Portraits des personnes illustres de l'un et de l'autre sexe, recueillis et gravés par Odieuvre ; environ 100 p.

87 — Personnages célèbres, des collections Desrochers, Daret, Larmessin et Moncornet ; environ 135 p.

88 — Portraits anciens de l'époque Louis XIV à Louis XVI. 32 p. in-4 et in-fol. Belles épreuves. Plusieurs sont rares.

89 — Ministres, Généraux, Maréchaux, Policiers, depuis Louis XVI jusqu'à la Restauration, environ 120 p. in-8 et in-4 ; plusieurs sont en couleur.

90 — Reines, Souverains et personnages célèbres étrangers. Environ 100 p. Plusieurs sont rares.

91 — *Louis XVI*, roi de France. 24 p. in-8 et in-4.

92 — *Marie-Antoinette*, reine de France. 27 p. in-8 et in-4 ; plusieurs sont rares.

93 — *Louis XVII. — Marie-Thérèse-Charlotte.* 14 p. in-8 et in-4.

94 — *Madame Elisabeth. — La Princesse de Lamballe.* 27 p. in-8 et in-4.

95 — *Napoléon 1er* et sa famille. 17 p. in-4 et in-fol.

96 — *Napoléon 1er* et sa famille. 55 p. in-8 et in-4. Plusieurs sont en couleur.

97 — *Charles X. — Duc et Duchesse d'Angoulême. — Duc et Duchesse de Berry. — Louis XVIII. - Louis Philippe.* 45 p. in-8 et in-4; plusieurs sont en couleur.

PORTRAITS

98 — *Famille d'Orléans. — Duc et Duchesse de Berry. — Duc d'Angoulême. — Louis-Philippe. — Comte de Chambord*, etc. 29 p. in-4 et in-fol.

99 — Généraux et hommes politiques de l'Empire et de la Restauration. 40 p. Plusieurs sont avant la lettre.

100 — Littérateurs et Hommes politiques. 47 p. in-8 et in-4. Plusieurs sont avant la lettre.

101 — Généraux et Officiers supérieurs. 14 p. in-4 et in-fol.

102 — Généraux de l'Empire et de la Restauration. 40 p.

103 — Souverains étrangers. 7 p. in-fol.

104 — Littérateurs, gravés par Hopwood. 37 p. in-18. La plupart sont avant la lettre sur papier de Chine.

QUEVERDO

105 — *Florian* (J. P. de). In-4 orné. Belle épreuve avant les noms des artistes.

RAFFET (A.)

106 — Son portrait par Aug. Bry. Lithog. in-4. Belle épreuve sur papier de Chine.

107 — Le Jeu de Paume (Giacomelli V.). — Dieux ! que les pays sont ingrats !! (47). — Tu as de l'honneur... (50 R R R) 2 ép. — Artillerie légère en action (67 R.). — Manœuvre à la prolonge (68 R.). — Gendarmes faites feu ! (73). — Barricade de la rue St-Antoine (74). Je veux tuer un des soldats de Polignac (76). — 9 pièces.

108 — Le Réveil (85). — Le Rêve (86), épreuve avant la lettre. — La revue nocturne (429). 3 p.

109 Pour un sauvage... (126). — Bernard le prit dans ses bras... (146). — La Caricature. (128, 129, 131, 132, 133, 134 (2 ép.), 135, 136). — Album cosmopolite (151 2 ép., 152). — Camp de Compiègne (164). — Feuilles de croquis (179, 180, 2 ép.) Ensemble 18 p.

110 — Attaque d'un village (203). — Combat à la baïonnette (205). — Rendons-leur feu pour feu (208). — Rends-toi ou j'découpe (209). — L'hospitalité (210). — Toi, joli

sergent... (213). — Si tu manques le rafla.. (215). — Le pauvre diable (216). -- Le mercredi des Cendres (217). — L'as de trèfle... (218). — Si de la première parole... (219). — Jean Jean (227, 230, 231, 236). Ensemble 15 p.

RAFFET (A.)

111 — Histoire de Bonaparte (237 *bis*, 238, 239, 240, 243, 245 *bis*, 249, 250, 251, 254, 255, 257, 258, 259). — Omnibus (262.) — Dame Blanche (264). — Citadine (267). — Les Béarnaises (268). — Le guide est à droite (269). — Vive la 76ᵉ (270). Ensemble 20 p.

112 — Album 1827. Frontispice (272). — Vous qui avez fait... (273). — Récompense honnète (274). — Pour un bon tourneur... (275). -- Monsieur vous avez... (276). - Ma fille !... (277). — Que les enfants... (278). — Le vin est le soutien... (279). — Mon ami je vois... (280). — Nous sommes des amis... (281). — Il y a du plaisir (282). Ensemble 11 p.

113 — Album 1828. Frontispice (283). — L'ennemi est repoussé (285).— Tiens ! Grand'maman (287).— Numéro deux !. . (288). — A la mémoire... (289). — Tandis q' tu montes... (290).— Ainsi sont les hommes... (291). — Ces croûtes là... (292).— Il faut voir... (293). — Il y a cas de réformes (294). Ensemble 10 p.

114 — Croquis pour l'Amusement des enfants 1829. Frontispice (296) et 297, 298, 299, 300, 301, 2 ép. 302, 303, 304, 305, 306, 309, 313, 2 ép. 314). Croquis divers (324). Ensemble 17 p.

115 — Album 1830. Frontispice (325), 2 ép. -- L'amour conjugal (326). — Le Bal (327). — Moscowa (328). — Waterloo (329). — Les adieux de la garnison (330), 3 ép. — Marche de Croisés... (331). 2 ép. — Croisés en campagne (332), 2 ép.— Assez ! (333). — Ah ! voilà papa (334). — La paye... (335). — Pare celle-là, mâtin (336). — Instruction publique (337). Ensemble 18 p. et la couverture.

116 — Album 1831. Frontispice (338). — Place du Panthéon (339). 2 ép. -- Lutzen (340). — Je n'tire pas (341), 2 ép. -- Pour le soutien... (342). - Au rétablissement de la Pologne (343). — La Revue (344). · Sire, vous pouvez... (345). — Vive la ligne (346), 2 ép. — Petit club aristocratique (347). Convoi militaire (348). -- Les munitionnaires du 28 juillet (349).— A mort pour la liberté (350). Ensemble 16 p. et la couverture.

RAFFET (A.)

117 — Album 1832. Frontispice (351), 2 ép. — Marche d'une division (352) 3 ép. — La Poursuite (353), 2 ép. — Les bonnes petites filles (354), 2 ép. — Serrez les rangs (355). — Le beau chanteur (356), 2 ép. — Vive la République ! (357). — Attention ! (358). — Mon Empereur... (359). — Un fameux diplomate (360). — C'est un Polonais (361). — En rond (363). Ensemble 18 p. et la couverture.

118 — Album 1833. Frontispice (364). — 1813 (365), 2 ép. — Provins (366). — Baisez papa... (367). — La Tentation (368). — L'Inspection (369). — Le moral... (370). — Fidèle comme un Polonais (371). — L'Ingrat (373). — Charge de hussards républicains (374). — Sauve qui peut ! (375). — Le curé belge (376), 2 ép. Ensemble 14 p. et la couverture.

119 — Album 1834. Frontispice (377), 2 ép. — Prise du fort Mulgrave (378). — Représentant du peuple... (379). — Le bouillon du passage... (380), 2 ép. — La pensée (381), 2 ép. — Plus de Patrie ! (382). — Le portrait... (383). — Ah ! c'te balle !! (384). — Il est défendu de fumer (385). La main ? voltigeur (386). — Pauvres enfants ?? (387). — Dernière charge des lanciers rouges... (388). — Vive l'Empereur (389). Ensemble 16 p.

120 — Album 1835. Frontispice (390). — 13 Vendémiaire (391). — Secourez la Vivandière ! (392). — La dernière charrette (393). — Vous êtes bien long... (394) 2 ép. — Le Père Riboule (395). — Abordez l'ennemi... (396). — Ayez pitié... (397). — Ordre du jour (398). — Carré enfoncé (399) 2 ép. Le Représentant a dit... (401). — Conquête de Hollande (402). Ensemble 14 p. et la couverture.

121 — Album 1836. Frontispice (403). — Ce grand dispensateur... (404) 2 ép. — Le Billet de Contentement (405). — O ! Hussard !... (408). — Les chagrins domestiques... (409). — L'Ennemi ne se doute pas... (411). — L'homme du peuple (412) 2 ép. — J'veux qui m'batte .. (413). — Ils grognaient... (414). — Le Terme (416). Ensemble 12 p. et la couverture.

122 — Album 1837. Frontispice (417). — Demi-Bataillon... (418). — Le dessert (421). — Nous civiliserons... (422). — Bautzen (423). — Le Camp (424). — 1807 (425). — Bonjour, mon neveu (426). — A ce jeu-là... (427) 2 ép. — Le Guide (428). Ensemble 11 p. et la couverture.

RAFFET (A.)

123 — Costumes militaire (1827-1828). (460, 462, 469, 472
473, 475, 476, 477, 484, 489, 493, 494, 507. Ensemble
13 p.

124 — Retraite de Constantine (536, couverture, 2 ép.) 537,
538, 539 2 ép., 540, 541, 542). Ensemble 9 p.

125 — Siège de la citadelle d'Anvers (517). — Prise de Constantine. (544, 546, 547, 548). — Expédition et siège de
Rome (559, 566). — Cte de Woronzoff (628). — S. M.
Nicolas 1er (653). — Le défilé nocturne (781). — Le cri
de Waterloo (782). — Illustrations de l'Armée Française
depuis 1789 jusqu'en 1832. (App. 1, 2, 4, 5, 8, 10, 11,
12, 13). Deux feuilles de croquis à l'estompe. Ensemble
23 p.

RICHIO (Ernest)

126 — Portrait d'homme avec le dessin original. — Les Bar-
ricades. 4 p. (Deux sont avant la lettre).

ROMANET (A.)

127 — *Villeneuve Venve de St-Vincent* (Dame Julie de),
petite-fille de Mme de Sévigné. In-4. Belle épreuve.

RUOTTE

128 — *Eugène Napoléon*, Vice-Roi d'Italie, d'après le buste
de Chinard. In-fol. en couleur. Grandes marges.

SAINT-AUBIN (Aug. de)

129 — *Orléans* (Les Princes et Princesses de la Maison d').
Douze portraits dans des médaillons entrelacés de palmes,
de lauriers et de guirlandes de roses. Cul-de-lampe pour
les pierres gravées. Très belle épreuve avant le texte au
verso. Rare.

SAVART (P.)

130 — *Colbert*. — *Deshoulières* (Mme). — *La Bruyère*. —
Montesquieu. — *Rabelais*. 5 p. in-8. Belles épreuves.

THÉATRE (Pièces sur le)

131 — Suite de 10 portraits d'Acteurs de l'Ancienne Comédie
Française et de la Comédie Italienne ; dessinés et gravés
par Gillot, épreuves à toutes marges.

THÉATRE (Pièces sur le)

132 — Galerie Théâtrale, publiée chez Bance. 36 p. in-4 en couleur. Très belles épreuves.

133 — Suite 33 portraits in-8 dessinés et gravés à l'eau-forte par Hillemacher pour *La troupe de Molière*.

134 — Les jolies femmes de Paris. Vingt eaux-fortes par Martial, par Ch. Diguet. 1870, in-8 br.

135 — Portraits d'acteurs et d'actrices, scènes de Théâtre. Eaux-fortes et lithographies. 140 p. in-8 et in-4 ; plusieurs sont coloriées.

136 — Acteurs et actrices. 40 p. in-8 et in-4 ; plusieurs sont en couleur.

137 — Acteurs, actrices, musiciens, compositeurs. 29 p. in-4 et in-fol.

TRAVIÉS.

138 — Paris. — Mœurs commerciales et industrielles. — Plaisirs Parisiens. — Planches de la Caricature, etc. 46 p. en noir et coloriées.

VANGELISTI

139 — *Corneille* (Marie-Angélique) descendante du Grand Corneille, meunière au village de Tilly, près Vernon, d'après Gault, in-4. Très belle épreuve en couleur. Marges.

VERNET (Carle et Horace).

140 — Partie de l'Œuvre lithographiée. Sujets militaires. Portraits. Scènes de chasses. Costumes, etc., etc. 2x5 p. dans deux portefeuilles.

GRAVURES EN LOTS

141 — Sous ce numéro, il sera vendu par lots environ quatre mille Estampes de toutes les écoles. Portraits, vues, vignettes, caricatures, albums illustrés, etc., etc.

Grande Imprimerie du Centre. — Herbin, Montluçon.